NOTICE HISTORIQUE

SUR

JEAN

SIRE DE JOINVILLE

Sénéchal de Champagne

ET

GÉNÉALOGIE DE SA FAMILLE

PAR C. LEMOINE

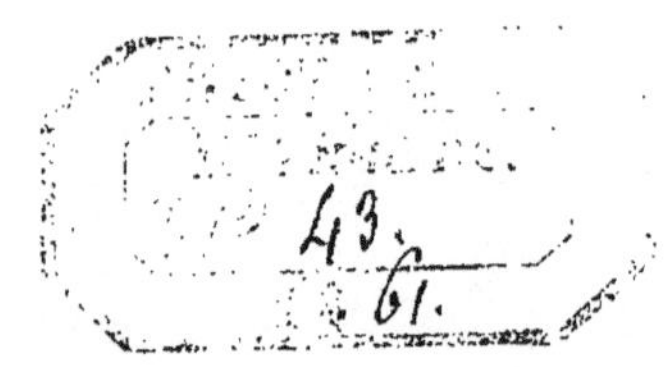

JOINVILLE

IMPRIMERIE DE A. LEBRUN

Place du Marché

1861

NOTICE HISTORIQUE

SUR

JEAN, SIRE DE JOINVILLE

et Sénéchal de Champagne

PAR

C. LEMOINE

JEAN, SIRE DE. JOINVILLE, naquit en 1224, au château de Joinville (1), de Simon, sire de Joinville et sénéchal de Champagne, et de Béatrix, fille d'Étienne II, comte de Bourgogne et d'Auxonne. Élevé à la cour élégante et littéraire de Thibaut IV, roi de Navarre, il y développa rapidement les heureuses qualités qui, jeune encore, le firent distinguer par Saint-Louis. En 1239, il épousa Alix de Grand-Pré, à laquelle il était fiancé depuis le mois de juin 1231. Cinq enfants naquirent de ce mariage. Jusqu'à son départ pour la croisade, tout son temps fut consacré à ses vassaux, au roi et au comte de Champagne.

(1) Ce château s'élevait sur le plateau de la montagne au pied de laquelle s'étend la petite ville de Joinville. Construit au XIe siècle par Étienne de Vaux, sur l'emplacement d'une forteresse romaine appelée Roche-Blanche, il fut vendu le 27 avril 1791 pour être démoli.

En 1248, partageant le zèle religieux qui enflammait tous les esprits, il réunit neuf chevaliers et se joignit aux guerriers qui, sous la conduite de Louis IX, devaient arracher la Terre-Sainte aux mains des infidèles. Pour subvenir aux frais considérables qu'entraînait un si long voyage, il fut obligé de mettre en gage (à Metz) la meilleure partie de ses terres.

Le roi avait mandé tous ses barons pour qu'ils jurassent fidélité et hommage à ses enfants, mais le sire refusa, parcequ'il était homme-lige du comte de Champagne et non du roi.

Prêt à partir pour la croisade, le sire de Joinville assembla ses vassaux et ses hommes d'armes pour leur annoncer son intention d'aller en Terre-Sainte. Ce jour-là, veille de Pàques, naquit son fils Jean, plus tard sire d'Ancerville. Toute la semaine suivante se passa en festins. Le sire fit ensuite mander l'abbé de Cheminon, reçut de ses mains le bourdon et l'escarcelle, et entreprit les pieux pélerinages de Blécourt et de Saint-Urbain. C'est à cette occasion qu'il dit : *Et en dementières* (pendant) *que je alois tout à pié, deschaux et en langes de Bléchicourt* (Blécourt) *à St-Urban* (St-Urbain) *je ne rez oncques* (ne voulus pas) *torner mes yex* (yeux) *vers Joinville, pour ce que le cuer* (cœur) *ne me attendrisit du biau chastel que je laissois et de mes deux enfants.* Il s'arrêta à la fontaine *l'Archevêque* (1) où l'abbé de Cheminon lui fit présent de beaux joyaux.

A la tête de ses neuf chevaliers dont deux *bannerets :* Hugues de Landricourt et Hugues de Thil-Chatel, seigneur de Conflans, il se rendit à Auxonne, puis à Lyon, et descen-

____

(1) Cette fontaine, qu'on appelle aujourd'hui *Grassecou*, est située au bas de la gare de Donjeux.

dit le Rhône jusqu'à Marseille. Rejoint par son cousin le sire d'Aspremont, il loua une nef (1) pour les deux troupes, et fit voile pour l'île de Chypre, lieu du rendez-vous général, et où le roi les attendait. Les ressources du Sire étaient déjà bien épuisées, car il rapporte qu'à son *arrivée en Cypre* (à Chypre) *il ne lui restait que douze vingts livres tournois d'or et d'argent.*

Au printemps de l'année suivante (1249), la flotte leva l'ancre pour l'Egypte. *Ce fust,* dit Joinville, *moult belle chose à voir; il s'embloit que toute la mer, tant comme l'on povait voir à l'œil, fust couverte de touailles* (toiles) *des voiles des vaisseaux qui furent nombrés 1800, que grans que petis.*

Au débarquement devant Damiette, les chrétiens accomplirent des prodiges de valeur. Le rivage était occupé par les émirs de Nedjm-Eddyn, et une flotte nombreuse couvrait la côte et les bouches du Nil. Les Français se précipitèrent dans les chaloupes la lance à la main, et sous une grêle de pierres et de flèches, poussèrent à la côte. Joinville, dont la galère était à l'avant-garde, supporta le choc de six mille Sarrazins et, grâce à l'intrépidité de sa petite troupe parvint à les mettre en fuite : *et alors,* dit-il, *tournant le devant derrière, s'enfouirent.* Le reste de l'armée ennemie eut bientôt le même sort. La déroute devint générale, et les infidèles saisis de terreur abandonnèrent Damiette. Saint-Louis s'y établit avec son armée.

Malheureusement les succès ne continuèrent pas. Le repos et l'abondance amenèrent l'indiscipline et la débauche dans les rangs chrétiens; le roi ne fut plus obéi, les Musulmans reprirent courage. Ce fut le commencement

____

(1) Grand vaisseau.

des revers. Les Français voulurent intercepter le canal de Thanis, et leurs travaux étaient protégés par des constructions sous la garde du sire de Joinville. Les Musulmans vinrent les y attaquer et firent pleuvoir sur eux le terrible *feu grégeois*. La position du sire était des plus critique, il ne pouvait ni avancer ni reculer. *Si nous restons dans nos chastels,* dit-il, *nous sommes perdus et ars* (brulés), *si nous laissons nos défenses que l'on nous a baillées, nous sommes honis, dont* (donc) *nulz ne peut nous défendre de ces périls fors que Dieu.*

Attaqués de tous côtés, les chrétiens livrèrent la fameuse bataille de Mansourah. Les désastres furent terribles; le comte d'Artois périt avec les chevaliers qui l'accompagnaient. Le sire de Joinville lui-même, assailli par une troupe de Sarrazins, fut renversé avec son cheval et laissé pour mort. Entre autres faits d'armes glorieux, on trouve le suivant dans ses mémoires : Voyant le seigneur de Wanon renversé le Sire alla à son secours ; mais, presque seul, il eut bientôt le même sort. *Les Turcs,* dit-il, *m'apuièrent de leurs glaives ; mon cheval s'agenoilla pour le fez* (poids) *que il senti, et je en alé outre parmi les oreilles du cheval.* Réunissant alors toutes ses forces, il parvint à se relever, et, l'épée à la main, se fraya un passage. Le sire de Syverey, qui se trouvait près de lui, l'entraîna avec plusieurs chevaliers vers une maison en ruines et dont le toit avait été enlevé. Mais tandis qu'ils s'y retranchaient en attendant le roi, les Turcs vinrent de nouveau les attaquer. *Les Turcs nous assaillirent de toutes parts,* dit encore Joinville, *une partie d'eulz entrèrent dans la mcson deffete et nous piquoient de leurs glaives par dessus* (les parties supérieures du corps). Enfin, le comte d'Anjou étant arrivé avec bon nombre de soldats, les Sarrazins prirent la fuite. Fait prisonnier dans la déroute qui suivit cette bataille, le sire put croire sa dernière heure arrivée. *Je sentis*, rapporte-t-il, *le coutel à la gorge*. Heureusement un Sarrazin qui servait dans sa galère, cria qu'il était cousin du roi, et parvint ainsi à lui sauver la vie. Joinville fut alors envoyé avec les autres captifs, dont le nombre ne s'élevait pas à moins de dix mille. Leur misère était affreuse; entassés pêle-mêle, presque sans nourriture, couverts de haillons, ravagés par la peste, ils offraient un spectacle navrant. Le sire avait subi le sort commun; dépouillé de tous ses vêtements, il se tenait enveloppé dans une couverture que sa mère lui avait donnée, et supportait tristement la maladie qui le faisait *trembler bien fort*

Une rançon pour le roi et tous les prisonniers chrétiens fut arrêtée avec le soudan aux conditions suivantes : La restitution de la ville de Damiette et le paiement d'une somme de 400,000 livres, dont 200,000 devaient être immédiatement versées. Il manquait 30,000 livres pour compléter cette somme; Joinville conseilla de les emprunter au commandeur de l'Ordre du Temple; mais celui-ci s'excusa. Contrarié de ce refus, le sire, avec l'assentiment du roi, se présenta de nouveau devant le Commandeur, et saisissant une hache qui se trouvait près de lui, je vais, dit-il, *faire la clef du roi*. Intimidé, le templier lui remit les clefs du trésor.

Après l'évacuation de Damiette, une partie de l'armée fit voile pour l'Europe; l'autre, et le roi avec elle, arriva dans le plus grand délabrement à Acre. La peste continuait ses ravages avec une effrayante rapidité et la famine commençait à se faire cruellement sentir. Touché de tant de malheurs, Saint-Louis assembla ses conseillers pour leur demander, s'il ne serait pas sage de retourner en

France. Guy-d'Ibelin fut d'avis qu'il fallait rester en Terre-Sainte, et réparer par le succès toutes les pertes qu'on avait faites. Appelé à parler le dernier, Joinville seul partagea cette opinion, ce dont ses collègues lui témoignèrent d'une manière fort aigre leur mécontentement. Il sortit tout triste du conseil, mais il se vit bientôt l'objet de nouvelles attaques. Au repas qui suivit, le roi contre son habitude, ne lui parla pas, *ce qui,* dit le sire, *me fit cuider* (craindre) *qu'il ne fust courroucé contre moy.* S'étant retiré tout pensif dans l'embrasure d'une fenêtre, il sentit tout-à-coup quelqu'un s'appuyer sur ses épaules et lui poser les deux mains sur les yeux. Il reconnut le roi à *une émeraude qu'il avait en son doigt.* Le prince lui demanda comment il avait osé donner un avis contraire à celui de si grands personnages : Sire, répondit Joinville, si le conseil est bon, que votre Majesté le suive, s'il est mauvais, qu'elle n'y pense plus. Pour lui témoigner sa satisfaction, le roi lui accorda sur sa cassette une pension de 200 livres en fiefs et hommage libre. La guerre se continua, et le sire eut encore mainte occasion de déployer sa valeur. Sans avoir de succès, lés chrétiens se relevèrent et parvinrent à rendre à la liberté tous les captifs qui depuis vingt ans étaient en Egypte.

La mort de la reine Blanche décida Saint-Louis à partir pour la France (1253). Le trajet dura deux mois et demi. Joinville demeura constamment près du roi. A Beaucaire il le quitta pour revenir dans son *biau chastel* qu'il revit enfin en 1254, six ans après l'avoir quitté, et presque seul de la brillante troupe qu'il avait emmenée en Palestine.

Quelques mois après, il négocia le mariage d'Isabelle, fille du roi de France, avec Thibaut V, comte de Champagne et roi de Navarre, qui venait de succéder à son père.

Son retour fut le commencement d'une nouvelle succession de bienfaits pour ses vassaux.

Il construisit l'hôpital Saint-Jean pour les chevaliers mutilés qu'il avait ramenés de Palestine; en 1258 il affranchit les habitants de Joinville de diverses servitudes. et fonda Ferrières en 1271 (1).

Sa mère mourut en 1260, il hérita d'elle de plusieurs domaines et retint dans sa mouvance ceux qui passèrent à son frère, Geoffroy de Vaucouleurs.

Malgré le bonheur dont il jouissait au sein de sa famille, et le soin qu'il apportait au bien-être de ses vassaux, il se rendit souvent à la cour. Le roi le traitait avec une distinction très-marquée: l'admettait à sa table et le faisait asseoir près de lui quand, sous le chêne de Vincennes, il rendait la justice. Ses conseils étaient souvent suivis, et son intimité avec le roi devenait chaque jour plus grande. Un jour que le prince lui demandait lequel il aimerait mieux, *commettre un péché mortel, ou être lépreux,* Joinville répondit qu'il préférerait en commettre trente parcequ'il lui serait plus facile de faire pénitence que de guérir sa lèpre.

Alix de Grand-Pré étant morte en 1260, il épousa en secondes noces, en 1261, Alix de Reynel, qui mourut en 1288. De cette seconde union naquirent trois enfants. Ce mariage réunit la baronie de Reynel à celle de Joinville.

---

(1) La charte d'affranchissement se trouve au grand cartulaire de Jean, sire de Joinville, fº 72 et vº et la copie se trouve au livre terrier de ladite ville. — Celle de la fondation de Ferrières se trouve aux archives de cette commune.

Depuis longtemps le roi méditait une nouvelle croisade et faisait d'immenses préparatifs pour assurer la réussite de son entreprise. Au carême de 1270, il manda tous ses barons; mais Joinville refusa de prendre part à l'expédition, et formula ainsi son refus : *tandis que j'ai esté oultre-mer au service de Dieu, les gens du roy de France ont tant grebvé mes pouvres subjets, que jamais il ne seroit que eulx et moy ne nous en santissions. Et je veoie clerement, si je me mectoie au pellerinage de la croix, que ce seroit la totale destruction de mesdiz pouvres subjets.*

On connaît l'issue de cette funeste expédition où périt Saint-Louis avec la plus grande partie de son armée. La mort du roi causa une profonde affliction au sire de Joinville. Il fit élever sous l'invocation de Saint-Louis, une chapelle à ce prince qu'il aimait tant, travailla ardemment à sa canonisation et écrivit son histoire.

Tant que Philippe-le-Bel fut sur le trône, Joinville ne fit que de courtes apparitions à sa cour; ses mœurs simples et austères s'accordaient peu avec le luxe du successeur de Louis IX. Il devint même un sérieux adversaire pour ce prince dont le caractère hautain ne souffrait aucune contradiction. Aussi, en 1287, se vit-il exclus des grandes assemblées de Champagne pour avoir mécontenté le roi par ses nombreuses protestations contre les mesures arbitraires et les impôts énormes qui pesaient sur ses vassaux.

A l'avènement de Louis X, le sire vit enfin ses réclamations écoutées, et il put se croire revenu à ses beaux jours du règne de Saint-Louis. Aussi en 1315, ne consultant ni sa faiblesse ni son âge (il avait alors 92 ans), il reprit les armes et vint se ranger avec la noblesse pour combattre les Flamands.

A cette occasion, il écrivit au roi la lettre suivante :

A son bon seigneur Loys, par la grâce de Deu, roy de France et de Navarre, Jehans sires de Joinville, ses séneschaux de Champaigne, salut et son service apparilié.

Chiers sires, il est bien voirs, ainsi commes mandey le m'avez, que on disoit que vous estiez appaisiés as Flammans, et por ce, sire, que nous cuidiens que voirs fust, nous n'aviens fait point d'apparoyl pour aleir à vostre mandement. Et de ce, sire, que vous m'avez mendey que vous serés à Arras pour vous addrecier des torts que li Flammeints (Flamands) vous font, il moy semble, sire, que vous faites bien, et Dex vous en soit en aiide. Et de ce que vous m'avez mandey que ge et ma gent fussiens à Othie à la moiennetey dou mois de joing, sire, savoir vous fas que ce ne puet este bonnement, quant (car) vos lettres me vinrent le secont dimange de joing; et vinrent huit jours devant la recepte de vos lettres. Et plus tost que je poiray (pourrai), ma gent seront apparilié pour aleir où il vous plaira.

Sire, ne vous desplaise de ce que je, au premier parloir (parler), ne vous ay appeley que bon signour, quant (car) autrement ne l'ay-je fait à mes signours les autres Roys qui ont esté devant vous, cui (que) Dex absoille (absolve). Nostres sires soit garde de vous.

Donney le second dimange dou mois de joing, que vostre lettre me fust appourté, l'an mil trois cens et quinze (1).

(1) Cette lettre si précieuse, dont on peut voir l'original à la Bibliothèque impériale (section des autographes), a été retrouvée par M. La Cabane dans le fond de Villeviciile. Elle porte cette suscription : « *A son bon amey seigneur le roy de France et de Navarre.* »

Le sire de Joinville mourut le 11 juillet 1319, âgé de 95 ans, et fut enterré dans l'église de son château (1). Son épitaphe, trouvée en 1629, lorsqu'on rétablit le cœur de cette église, est ainsi conçue :

D.   O.   M.

Quisquis es, aut civis, aut viator,
Adsta, ut lugeas, ut legas ;
Nosti quem nunquam vidisti,
Terris datum anno dni 1224 ; cœlo natum 1319 :
Nomine, virtute, scriptis, famâ,
Nondum mortuum :
Polo utique immortalem et solo,
Dominum D. Joannem de Jonivilla
Magnum olim Campaniæ senescallum ;
In bello fortissimum, in pace æquissimum,
In utroque maximum :
Nunc ossa et cineres (2).

Quelques auteurs ont dit à tort que la sépulture du sire avait été violée lors de l'éruption sacrilège de 1792. Nous avons entre les mains un manuscrit de M. Bluget, doyen de l'église Saint-Laurent et plus tard curé de Joinville, dans lequel nous lisons : *Il fut impossible de découvrir l'ouverture du mausolée renfermant les restes de Jean, sire de Joinville* (3)..

(1) L'église collégiale St-Laurent.

(2) En marge, on lit : *Epitaphium Dni Joannis de Jonivilla e vetere ejus tumulo prope majus altare silo erutum.*

(3) Ce manuscrit contient la description de l'église St-Laurent, et rapporte tous les faits relatifs à la destruction de cette église et du château en 1792.

GÉNÉALOGIE DE LA MAISON DE JOINVILLE

1020 — 1394

ÉTIENNE, dit de VAUX, premier sire de Joinville et de Vaucouleurs (1), fils aîné de Renaud de Broyes, épousa Adélaïde, comtesse de Brienne, sœur du comte Engelbert II de Brienne (sur Aube) (2).

GEOFFROY Ier, surnommé *le Vieux*, fils d'Étienne, sire de Joinville et de Vaucouleurs, épousa Mantfride (3), fille et héritière de Fromond, comte de Sens et de Joigny, et de Gerberge de Roucy (4). Ce mariage donna à Geoffroy et à ses descendants le titre de comtes de Joigny.

GEOFFROY II, dit *le Junior*, fils de Geoffroy Ier, sire de Joinville et de Vaucouleurs, comte de Joigny, épousa Hodierne de Courtenay, fille de Josselin Ier, seigneur de Courtenay (ancien Gatinais) et d'Ermengarde d'Anjou.

ROGER Ier, fils de Geoffroy II, sire de Joinville, épousa Aldéarde de Vignory, fille de Guy, seigneur de Vignory, et de Béatrix de Bourgogne.

(1) Etienne et son fils Geoffroy sont désignés dans diverses chartes par les noms de *Juncivilla*, de *Novo-Castro*, et de *Vallibus*.

(2) Charte de Dudon, abbé de Montier-en-Der, (archives de la Haute-Marne).

(3) Ou Elvide

(4) Après la mort de Fromond, sa veuve épousa en secondes noces Engelbert de Brienne, et ce fut par l'entremise de ce dernier que Geoffroy obtint la main de Mantfride.

GEOFFROY III, dit *le Gros*, sire de Joinville, fils de Roger, épousa Félicité de Brienne, fille d'Érard, comte de Brienne, et d'Alix de Roucy.

GEOFFROY IV, dit *Vaslet*, sire de Joinville, fils de Geoffroy III, épousa Helvide de Dampierre, fille de Guy, seigneur de Dampierre, et reçut de Henri Ier, comte de Champagne, la charge héréditaire de sénéchal de cette province. Il fonda l'église collégiale *St-Laurent* et l'abbaye d'*Écurey* (1).

GEOFFROY V, dit *le Trouillard*, sire de Joinville, sénéchal de Champagne, fils aîné de Geoffroy IV, mourut en Terre-Sainte sans avoir été marié. C'est à lui que le roi Richard Cœur-de-Lion donna la moitié de ses armes pour les joindre à son blason. (2)

SIMON, sire de Joinville, sénéchal de Champagne, frère de Geoffroy-le-Trouillard, lui succéda. Il épousa d'abord Ermengarde, dame de Montéclaire (diocèse de Trèves), et ensuite Béatrix de Bourgogne et d'Auxonne, fille d'Étienne II, comte de Bourgogne et d'Auxonne, et de Béatrix, comtesse de Châlons.

JEAN, sire de Joinville, sénéchal de Champagne, fils de Simon et de Béatrix de Bourgogne, eut deux femmes : Alix, fille de Henry V, comte de Grand-Pré, et de Marie de Garlande, et Alix, fille de Gauthier, sire de Reynel.

(1) XIIe siècle. L'église collégiale St.-Laurent fut construite dans l'enceinte des murs du château, et l'abbaye d'Écurey à l'entrée du faubourg du Grand-Pont.

(2) Le blason de Joinville était d'azur à trois broyes d'or liées d'argent, et Richard y ajouta un lion issant lampassé de gueules sur champ d'argent.

ANSELME, sire de Joinville, sénéchal de Champagne, fils de Jean, fut grand-officier de la couronne. Il épousa en premières noces Laure de Sarrebruch, et en secondes, Marguerite de Vaudemont, fille d'Henry III, comte de Vaudemont, et d'Isabelle de Lorraine.

HENRY, sire de Joinville, comte de Vaudemont, sénéchal de Champagne, fils d'Anselme, épousa Marie de Luxembourg, fille de Guy, comte de St.-Paul et de Ligny, et d'Alix de Flandre (1).

MARGUERITE, dame de Joinville et de Vaudemont, fille unique d'Henry, épousa : 1º Jean, duc de Bourgogne, seigneur de Montaigut, 2º Pierre, comte de Genève, 3º Ferri Iᵉʳ de Lorraine, fils puîné du duc Jean.

Ainsi finit l'illustre Maison de Joinville.

(1) C'est sous ce seigneur (1360) que le château de Joinville fut pillé par les Tard-Venus et brûlé par Brocard de Fénestrange.

www.ingramcontent.com/pod-product-compliance
Lightning Source LLC
Chambersburg PA
CBHW061223050726
47594CB00008B/3783